你真棒

كفو عليك

中外语言交流合作中心　组编

U0748244

nǐ hǎo
你好

外语教学与研究出版社
北京

图书在版编目（CIP）数据

你真棒. 2A：汉文、阿拉伯文 ／ 中外语言交流合作中心组编. —— 北京：外语教学与研究出版社，2023.8
ISBN 978-7-5213-4743-2

I. ①你… II. ①中… III. ①汉语－对外汉语教学－教材 IV. ①H195.4

中国国家版本馆 CIP 数据核字（2023）第 149123 号

出 版 人　王　芳
项目策划　鞠　慧　向凤菲
责任编辑　杨　益
责任校对　张楚玥
装帧设计　水长流文化
美术统筹　王　润
插图设计　潘　越　张嘉婧　王　润
出版发行　外语教学与研究出版社
社　　址　北京市西三环北路 19 号（100089）
网　　址　https://www.fltrp.com
印　　刷　北京尚唐印刷包装有限公司
开　　本　787×1092　1/16
印　　张　6
版　　次　2023 年 8 月第 1 版 2023 年 8 月第 1 次印刷
书　　号　ISBN 978-7-5213-4743-2
定　　价　59.00 元

如有图书采购需求，图书内容或印刷装订等问题，侵权、盗版书籍等线索，请拨打以下电话或关注官方服务号：
客服电话：400 898 7008
官方服务号：微信搜索并关注公众号"外研社官方服务号"
外研社购书网址：https://fltrp.tmall.com

物料号：347430001

记载人类文明
沟通世界文化
www.fltrp.com

你真棒 كفو عليك

总策划	التصميم العام
马箭飞	ما جيانفي
总监制	الإنتاج التنفيذي العام
宋永波　刘　捷	سونغ يونغبوه　ليو جيه
主　编	رئيس التحرير
周　芳	تشو فانغ
编　者	المؤلف
江晨皓　徐晓琛　许依萍	شو يي بينغ　شو شياو تشن　جيانغ تشن هاو
阿拉伯文翻译及审订	الترجمة إلى اللغة العربية والتصحيح
马全明	ما تشوان مينغ
[约旦] 努埃尔·尤尼斯·阿萨夫	نوال يونس عساف (الأردن)
[约旦] 穆罕默德·艾哈迈德·阿萨夫	محمد أحمد عساف (الأردن)
编　辑	التحرير
鞠　慧　向凤菲　杨　益	جيوي هوي　شيانغ فنغ في　يانغ يي
崔　超　张楚玥　谢　菲	تسوي تشاو　تشانغ جو يوه　شيه في

前言

　　在共建"一带一路"框架下，中国和阿拉伯国家在经济、文化、教育等领域的交流与合作不断加深。为了满足和适应阿拉伯国家少年儿童中文学习需求，中外语言交流合作中心开发了阿拉伯语注释的小学中文教材——"你真棒"系列。该系列教材适应阿拉伯国家宗教传统、风俗习惯和社情学情，语言等级参照《国际中文教育中文水平等级标准》和中小学生汉语考试大纲。

　　"你真棒"系列具有四大特色。

一、立足语言学习，促进全面发展

　　将中文学习与跨学科融合、多元认知、文化包容、国际视野等结合起来，充分利用小学生早期教育阶段的优势，在为小学生打下良好中文基础的同时，培养其成为适应世界发展的多语种、高素质人才。

二、贴近本土生活，激发学习兴趣

　　根据阿拉伯国家基础教育学制，本系列教材分为四级，每级包括A、B、C三册。教材中的人物形象和交际场景符合阿拉伯国家小学生真实情况，教学顺序安排与课堂活动设计尊重当地风俗习惯，通过插图营造真实生动的本土化语境，力求最大程度激发学生的学习兴趣。

三、采用模块设计，便于灵活使用

　　本系列教材采用模块化形式设计，每册课本包括2—3个大主题，每个大主题下按功能分为11—12个小课式模块，小课式模块包括词语、句型、练习、游戏、汉字、故事、文化、课后任务、自测等，内容涵盖所有教学环节。这样的设计减轻了集中学习词语和句子的压力，便于教师自由组合课堂内容、提高教学效率。

四、融入多元文化，注重人文关怀

本系列教材体现人文关怀，注重培养学生的多元认知能力。文化教学内容既包括中阿不同文化之间的贯连，也包括中文与不同学科之间的贯连。教材设计了"故事会/小剧场""看世界""小任务"等模块，并通过课后互动将中文学习延伸至家庭，鼓励家长参与到学生中文学习的过程中。

少年儿童是世界的未来。希望"你真棒"系列教材能够成为阿拉伯国家少年儿童了解中国语言和文化的窗口，为促进中阿相互理解发挥积极作用。

中外语言交流合作中心
2023年2月

مقدمة

حرصا على تعزيز التبادل والتعاون بين جمهورية الصين الشعبية والدول العربية في مجالات الاقتصاد والثقافة والتعليم في إطار بناء مشترك "الحزام والطريق"، ومن أجل تلبية احتياجات الأطفال في الدول العربية إلى تعلم اللغة الصينية، فقام مركز التبادل الدولي للتعليم اللغوي، بتأليف نسخة عربية من الكتاب المدرسي للمدارس الابتدائية بعنوان " كفو عليك ". حيث يتناسب هذا الكتاب مع الثقافة الدينية والتقاليد والعادات والظروف الاجتماعية والدراسية في البلدان العربية. ويرجع مستوى اللغة إلى "معايير مستوى اللغة الصينية لتعليم اللغة الصينية الدولي" و "مخطط امتحان YCT (Test Youth Chinese) ".

يمتاز كتاب "كفو عليك" بأربعة خصائص.

1 يستند إلى تعلم اللغة وتعزيز التنمية الشاملة

يجمع الكتاب بين تعلم اللغة الصينية، والمعارف المتعددة، والتسامح الثقافي، والمنظور الدولي، وكذلك الاستفادة الكاملة من مزايا طلبة المدارس الابتدائية في مرحلة التعليم المبكر، ويعزز أسس تعلم اللغة الصينية بشكل متميز لطلبة المدارس الابتدائية، وتحفيز الطلبة ذوي القدرات والموهبة العالية على تعلم اللغات المختلفة بجودة تلبي حاجات تطور العالم.

2 مرتبط بالحياة المحلية ويحفز الاهتمام بالتعلم

ينقسم كتاب (كفو عليك) المدرسي إلى أربعة مستويات ويشتمل كل مستوى على ثلاث مجلدات (A و B و C) بحيث يمثل كل مجلد فصلاً دراسيا. وقد ركز الكتاب على اختيار أسماء للشخصيات ووصف الأحداث والمشاهدات بحيث تتوافق مع دراسة طلبة المدارس الابتدائية وحياتهم في الدول العربية. كما جاء ترتيب وتسلسل الدروس وتصميم الأنشطة الصفية في الكتاب متماشيا مع التقاليد والعادات المحلية، هذا وقد تم دعم الكتاب بالرسوم التوضيحية التي تخلق بيئة محليةً حقيقيةً وحيويةً من أجل تحفيز اهتمام الطلبة وتشجيعهم على التعلم.

3 التصميم المعياري والمرونة

يتبنى الكتاب المدرسي تصميمًا معياريًا، حيث يشتمل الكتاب المدرسي على موضوعين أو ثلاثة مواضيع رئيسة (وحدة)، وينقسم كل موضوع رئيس حسب أهدافه إلى (11-12) درس صغير.

تحتوي هذه الدروس على أقسام من كلمات وجمل ومقاطع صينية وقصص قصيرة تتناسب مع ثقافة الدولة، بالإضافة إلى تمرينات وألعاب وأنشطة صفية ولاصفية وكذلك الاختبار الذاتي. وقد صمم الكتاب ليغطي جميع الأهداف التعليمية بحيث يقلل هذا التصميم من ضغط تعلم الكلمات والجمل في كل درس، ويسهل على المعلمين ترتيب جميع محتويات الوحدة بحرية مما يسهم في تحسين نتائج التدريس.

4 التعددية الثقافية والاهتمام بالرعاية الإنسانية

يمثل الكتاب المدرسي الاهتمام برعاية الطلاب ويركز على تنمية القدرات المعرفية المتعددة للطلبة. كما يركز على التماسك بين الثقافات المختلفة في جمهورية الصين الشعبية والدول العربية، وأيضًا التكامل بين اللغة الصينية والمواد المختلفة. وقد صمم كتاب " كفو عليك " المدرسي إلى عدة أقسام مثل "جلسات القصص / المسرح الصغير" و "شاهد العالم" و"المهمة الصغيرة"، بحيث تسهم تلك الأنشطة في دمج أولياء الأمور في العملية التعليمية وتشجعهم على المشاركة في تعليم الأطفال اللغة الصينية.

الأطفال هم مستقبل العالم لذا نتمنى أن تكون سلسلة الكتب المدرسية " كفو عليك " نافذة لأطفال في الدول العربية لفهم الثقافة الصينية، وتعزيز التفاهم والتعاون بين الصين والدول العربية.

مركز التبادل الدولي للتعليم اللغوي
عام 2023 فبراير

人物介绍
التعريف بالشخصيات

xiǎo jìng
小 静
شياو جينغ

tiān tiān
天 天
تيان تيان

ài shā
艾 莎
عائشة

ā lǐ
阿 里
علي

lì lì
莉 莉
ليلى

mài kè
麦 克
مايك

目录
الفهرس

nǐ yǒu gē ge ma
你有哥哥吗？
هل لك أخ كبير؟

wǒ jiā yǒu wǔ kǒu rén
我家有五口人：
bà ba   mā ma   jiě jie
爸爸、妈妈、姐姐、
dì di hé wǒ
弟弟和我。

学习目标 الأهداف التعليمية

❶ 学习"有"字句

أد، يتعلم الطالب الجملة التي فيها "有"

❷ 学习是非问句：……吗？

أن يتعلم الطالب جملة الاستفهام: ……吗؟

❸ 学习量词：口，个

أن يتعلم الطالب كلمات القياس: 口，个

❹ 学习介绍家人

أن يتعلم الطالب كيفية تعريف أفراد العائلة

❺ 学写汉字：口，有，两，个

أن يكتب الطالب المقاطع الصينية: 口，有，两，个

❻ 看世界：不同年代的全家福

هيا نشاهد العالم: أن نتعرف على الصور العائلية في عصور مختلفة

第 **1** 课　**学词语1**

الدرس الأول　تعلم الكلمات 1

1 看一看，听一听，读一读。　انظر واستمع واقرأ.　🔊 1-1

yī	èr	sān	sì	wǔ	liù	qī	bā	jiǔ	shí
一	二	三	四	五	六	七	八	九	十

wǔ kǒu rén
五口人

bà ba
爸爸

mā ma
妈妈

kǒu
口
مفردة التمييز للبشر

jiě jie
姐姐

dì di
弟弟

jiā
家 عائلة

wǒ
我

hé
和
و

yé ye hé nǎi nai
爷爷和奶奶

gē ge hé mèi mei
哥哥和妹妹

2 听录音，判断对错，对的画 √，错的画 ×。 🔊 1-2

استمع إلى التسجيل وضع علامة (√) أو (×) في المكان المناسب.

第 **2** 课　说一说1

الدرس الثاني　هيا نتحدث 1

1 看一看，听一听，说一说。انظر واستمع وتحدث. 🔊 1-3

yǒu
有
يملك / يوجد

wǒ jiā yǒu wǔ kǒu rén　　bà ba　　　mā ma　　　jiě jie　　dì di
我家有五口人：爸爸、妈妈、姐姐、弟弟
hé wǒ
和我。

2 请在下边贴一张你的全家福照片，或者画一张全家福，然后用中文介绍一下。

ضع صورة لعائلتك أدناه، أو ارسم صورة عائلتك، عرفنا بها باللغة الصينية.

wǒ jiā yǒu
我 家 有……

第 **3** 课　**学词语2**

الدرس الثالث　تعلم الكلمات 2

1　看一看，听一听，读一读。انظر واستمع واقرأ。　🔊 1-4

xiǎo jìng de jiě jie
小静的姐姐

gè
个
مفردة التمييز للنوع

liǎng
两
اثنان

yí　gè　jiě jie
一个姐姐

liǎng gè　jiě jie
两个姐姐

2 看图片，根据数量选择正确答案。 انظر إلى الصور التالية واختر الجواب الصحيح وفق عددها.

○ A 六个 (liù gè)

○ B 三个 (sān gè)

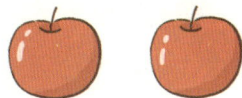

○ A 两个 (liǎng gè)

○ B 九个 (jiǔ gè)

○ A 四个 (sì gè)

○ B 七个 (qī gè)

○ A 八个 (bā gè)

○ B 五个 (wǔ gè)

○ A 一个 (yí gè)

○ B 十个 (shí gè)

○ A 六个 (liù gè)

○ B 两个 (liǎng gè)

第**4**课 الدرس الرابع

说一说2
هيا نتحدث 2

1 看一看，听一听，说一说。 انظر واستمع وتحدث. 🔊 1-5

méi yǒu
没有
لا / ما

ma
吗
هل

wǒ méi yǒu gē ge
我没有哥哥。
wǒ yǒu liǎng gè jiě jie
我有两个姐姐。

nǐ yǒu gē ge ma
你有哥哥吗？

yǒu   wǒ yǒu yí gè gē ge
有，我有一个哥哥。

2 小调查：选择3名同学，根据下表内容做一个小调查。

الاستبانة الصغيرة: اختر ثلاثة طلاب وقم بإجراء استبانة صغيرة وفق الجدول أدناه.

	同学1 الطالب 1 _____	同学2 الطالب 2 _____	同学3 الطالب 3 _____
nǐ yǒu gē 你有哥 ge ma 哥吗？			
nǐ yǒu dì 你有弟 di ma 弟吗？			
nǐ yǒu jiě 你有姐 jie ma 姐吗？			
nǐ yǒu mèi 你有妹 mei ma 妹吗？			

第5课 练一练
الدرس الخامس
التدريبات

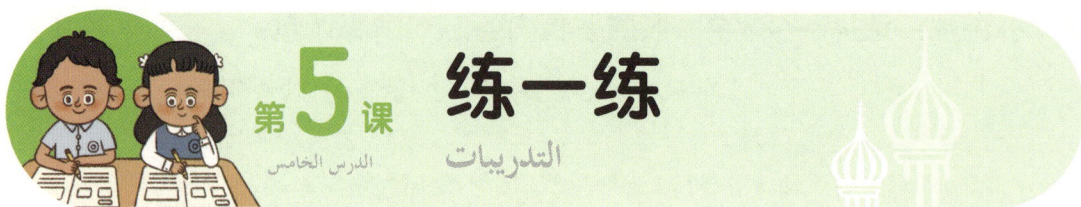

1 听录音填空，然后连一连。🔊 1-6

استمع إلى التسجيل، واكتب في الفراغ ثم قم بالتوصيل.

sì　　　liù　　　sān　　　wǔ
四　　　六　　　三　　　五

wǒ jiā yǒu　　　　　kǒu rén
❶ 我家有＿＿＿＿＿口人。

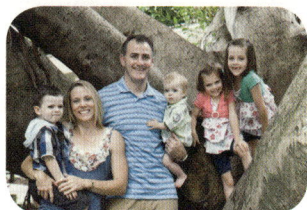

wǒ jiā yǒu　　　　　kǒu rén
❷ 我家有＿＿＿＿＿口人。

wǒ jiā yǒu　　　　　kǒu rén
❸ 我家有＿＿＿＿＿口人。

wǒ jiā yǒu　　　　　kǒu rén
❹ 我家有＿＿＿＿＿口人。

2 连词成句。 رتب الكلمات التالية لتكوّن جملة صحيحة.

jiā	wǒ	liù kǒu rén	yǒu
1 家	2 我	3 六口人	4 有

○ ○ ○ ○

nǐ	mèi mei	yǒu	ma
1 你	2 妹妹	3 有	4 吗

○ ○ ○ ○

yǒu	wǒ	liǎng gè	gē ge
1 有	2 我	3 两个	4 哥哥

○ ○ ○ ○

méi yǒu	jiě jie	wǒ
1 没有	2 姐姐	3 我

○ ○ ○

第6课　做游戏

الألعاب　الدرس السادس

jiě jie
姐姐。

jiě jie　　wǒ yǒu liǎng gè jiě jie

姐姐。我有两个姐姐。

游戏规则 قواعد اللعبة

❶ 4—6人一组，每组自制本单元的词语卡片，也可以由老师提供词卡。每个词语可以做多张词卡。

كوّن مجموعة من 4-6 طلاب، تصنع كل مجموعة بطاقات الكلمات الخاصة بها من هذه الوحدة، أو يمكن تقديم البطاقات من المعلم، وصنع بطاقات متعددة لكل كلمة.

2 老师将一些词卡散放在教室中间的桌子上，也可以用磁贴贴在白板上。

يضع المعلم بعض بطاقات الكلمات على الطاولة أو يلصقها على السبورة.

3 每组派一名同学参加"抢卡片"游戏。

يختار المعلم طالبا واحدا من كل مجموعة ليشترك باللعب.

4 老师随机说词语，如"姐姐"，各组的同学代表去抢相应的卡片。

يقول المعلم الكلمات بشكل عشوائي، مثال "أخت كبيرة" ويسارع الطلاب بالاختيار من كل مجموعة للحصول على البطاقة المناسبة.

5 抢到词卡的同学举起卡片，根据卡片数量说出相应的句子，如："姐姐。我有两个姐姐。"说对的同学为本组赢得一分。

الطالب الذي يجد البطاقة المناسبة، يرفعها ويقول الجملة حسب البطاقة، مثل: "أخت. لدي أختان". فيسجل نقطة واحدة للمجموعة.

6 小组中的每个同学轮流参加游戏，老师记录分数，最后得分最高的小组获胜。

يشارك كل طالب من المجموعة في اللعب، ويسجل المدرس النقاط وتفوز المجموعة التي تحصل على أعلى درجات.

第 **7** 课　学汉字

تعلم المقاطع الصينية

الدرس السابع

1 看一看，写一写。 انظر واكتب.

kǒu　ㅣ 冂 口

yǒu　一 ナ 才 有 有 有

liǎng　一 厂 门 两 两 两 两

gè　ノ 人 个

2 小挑战：数一数，说一说。 التحديات الصغيرة: عد وتحدث عنه.

> "人"是一个独立的汉字，
>
> 也是组成其他汉字的部件。
>
> إن مقطع "人" المقطع الصيني المستقل وأيضًا أحد مكونات المقاطع الصينية الأخرى.

gè   rén
____个"人"

gè   rén
____个"人"

gè   rén
____个"人"

gè   rén
____个"人"

gè   rén
____个"人"

第 8 课　故事会 🔊1-7

القصص　الدرس الثامن

1
huān yíng nǐ men　qǐng jìn
欢迎你们！请进！

1
zhè shì wǒ de jiě jie
这是我的姐姐。

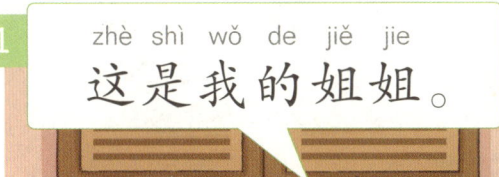

2
xiè xie
谢谢！

2
nǐ men hǎo　wǒ jiào fāng fāng
你们好！我叫芳芳。

1
zhè shì wǒ de jiě jie
这是我的姐姐。

2
nǐ men hǎo
你们好！
wǒ jiào huā huā
我叫花花。

1 xiǎo jìng nǐ yǒu jǐ gè jiě jie
小静，你有几个姐姐？

2 wǒ yǒu liǎng gè jiě jie
我有两个姐姐。

1 nǐ shì fāng fāng jiě jie ma
你是芳芳姐姐吗？

3 hā hā hā
哈哈哈！

2 bú shì wǒ shì huā huā jiě jie
不是，我是花花姐姐。

1
xiǎo jìng　　nǐ yǒu
小静，你有
mèi mei ma
妹妹吗？

2
wǒ méi yǒu mèi mei
我没有妹妹。

2
ò　　nǐ jiā yǒu
哦，你家有
wǔ kǒu rén
五口人。

1
zhè shì wǒ de jiā rén
这是我的家人。

1
nǐ shì huā huā jiě jie ma
你是花花姐姐吗？

2
bú shì　　wǒ shì
不是，我是
fāng fāng jiě jie
芳芳姐姐。

3
hā hā hā
哈哈哈！

观察一下，如何辨认小静的双胞胎姐姐？

لاحظ الصورة، وحدد من هي الأخت الكبيرة لشاوجينغ.

第**9**课　看世界

هيا نشاهد العالم　الدرس التاسع

不同年代的全家福 الصور العائلية في عصور مختلفة

nián
1953 年
عام 1953

nián
1968 年
عام 1968

nián
1974 年
عام 1974

nián
1985 年
عام 1985

nián
1992 年
عام 1992

nián
2019 年
عام 2019

第10课　小任务

المهمة الصغيرة

الدرس العاشر

1　小画手：画一画你的家人，然后用中文介绍一下。

رسام صغير: ارسم عائلتك ثم تحدث عنها.

2 制作家人手偶，并用中文录制一段介绍视频。

اصنع دمى عائلية وسجل فيديو تعريف باللغة الصينية.

第一步：画一画

الخطوة الأولى: ارسم

第二步：剪一剪

الخطوة الثانية: قص

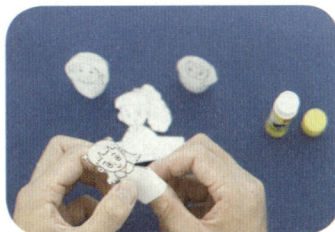

第三步：贴一贴

الخطوة الثالثة: الصق

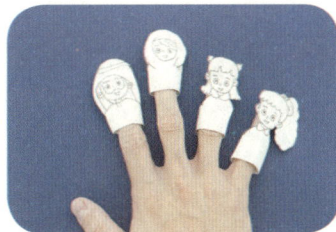

第四步：戴一戴

الخطوة الرابعة: ارتدِ

wǒ jiā yǒu sì kǒu rén　　bà ba　　mā ma　　jiě jie hé wǒ

我家有四口人：爸爸、妈妈、姐姐和我。

第 **11** 课 测一测

الدرس الحادي عشر الاختبار

1 听录音，根据听到的顺序为图片标序号。 🔊 1-8

استمع إلى التسجيل، واكتب رقم الترتيب تحت الصور وفق ما سمعت.

2 选词填空。　اختر الكلمات الصحيحة.

gè	rén	kǒu	jiě jie	qī
个	人	口	姐姐	七

麦克一家人　أفراد عائلة مايك

nǐ hǎo　wǒ jiào
你好，我叫
mài kè
麦克。

wǒ　　　suì
我＿＿＿岁。

wǒ shì yīng guó
我是英国
＿＿＿。

wǒ jiā yǒu wǔ　　　rén
我家有五＿＿＿人：
bà ba　　mā ma　　yí
爸爸、妈妈、一＿＿＿
gē ge　　yí gè　　hé wǒ
哥哥、一个＿＿＿和我。

wǒ méi yǒu dì di hé mèi mei　　wǒ ài wǒ jiā
我没有弟弟和妹妹。我爱我家。

🔍 你能模仿麦克介绍你和你的家人吗？

هل يمكنك أن تقلد مايك في تعريف عائلتك؟

wǒ yǒu yì zhī māo

我有一只猫

لدي قطة

nǐ yǒu māo ma
你有猫吗？

yǒu   wǒ yǒu
有，我有
yì zhī māo
一只猫。

wǒ méi yǒu māo
我没有猫。

wǒ xǐ huan hǎi tún
我喜欢海豚。
nǐ ne
你呢？

nǐ xǐ huan hǎi tún ma
你喜欢海豚吗？

wǒ yě
我也
xǐ huan
喜欢。

学习目标　الأهداف التعليمية

❶ 学习量词：只，条
　　只，条 ：أن يتعلم الطالب كلمات القياس

❷ 学习询问对方是否喜欢某事物
　　أن يسأل إذاكان شخص يحب شيء ما

❸ 学习副词：也
　　也 ：أن يتعلم الطالب الظرف

❹ 学写汉字：只，条，也，吗
　　只，条，也，吗 ：أن يكتب الطالب المقاطع الصينية

❺ 看世界：保护野生动物
　　هيا نشاهد العالم: حماية الحيوانات البرية

第 **1** 课　学词语1

الدرس الأول　تعلم الكلمات 1

1 看一看，听一听，读一读。 انظر واستمع واقرأ. 🔊 2-1

tù zi
兔子

yīng wǔ
鹦鹉

wū guī
乌龟

jīn yú
金鱼

zhī
只　量词，常用于动物名词前，例如"一只
猫、一只狗、一只兔子"。

"只" كلمة القياس، تستخدم قبل اسم الحيوان، مثل:
一只猫、一只狗、一只兔子

tiáo
条　量词，常用于细长东西的名词前，例如
"一条鱼、一条围巾、一条裤子"。

"条" كلمة القياس، تستخدم قبل اسم الأشياء الطويلة، مثل:
一条鱼、一条围巾、一条裤子

2 听一听，写数字。 استمع واكتب العدد. 🔊 2-2

yī	liǎng	sān	sì	wǔ	liù
一	两	三	四	五	六

zhī gǒu
（　　　）只狗

zhī yīng wǔ
（　　　）只鹦鹉

tiáo jīn yú
（　　　）条金鱼

zhī tù zi
（　　　）只兔子

zhī māo
（　　　）只猫

zhī wū guī
（　　　）只乌龟

第**2**课　说一说1

هيا نتحدث 1

الدرس الثاني

1 看一看，听一听，说一说。 انظر واستمع وتحدث. 🔊 2-3

nǐ yǒu māo ma
你有猫吗？

yǒu　　wǒ yǒu
有，我有
yì zhī māo
一只猫。

wǒ méi yǒu māo
我没有猫。

2 两人一组，模仿例子看图说话。كوّن فريقًا من طالبين، وتحدث عن الصور مثل النموذج.

ài shā yǒu tù zi ma
A：艾莎有兔子吗？

yǒu　　　ài shā yǒu yì zhī tù zi
B：有，艾莎有一只兔子。

第 3 课 الدرس الثالث

学词语2
تعلم الكلمات 2

1 看一看，听一听，读一读。انظر واستمع واقرأ. 🔊 2-4

liè sǔn
猎隼

líng yáng
羚羊

hǎi tún
海豚

jīng yú
鲸鱼

shā yú
鲨鱼

2 把动物画完整并涂色，然后用中文说出动物名称。

أكمل صورة الحيوان ولّونها ثم تحدث عنها باللغة الصينية.

第**4**课　说一说2

هيا نتحدث 2　الدرس الرابع

1　看一看，听一听，说一说。انظر واستمع وتحدث．　🔊 2-5

wǒ xǐ huan hǎi tún
我喜欢海豚。
nǐ ne
你呢？

nǐ xǐ huan hǎi tún ma
你喜欢海豚吗？

wǒ yě xǐ huan
我也喜欢。

yě
也
أيضا

2 两人一组，看图片，模仿第1题的对话练习问答。

كون فريقا من طالبين، وقم بالحوار حسب الصور مثل الحوار الأول.

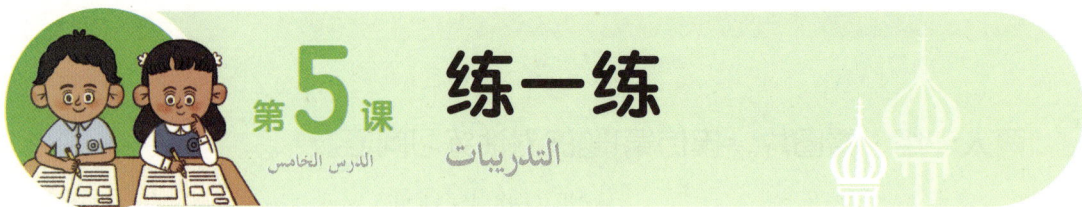

第 **5** 课 **练一练**

الدرس الخامس التدريبات

1 听录音，选择正确的图片。 استمع إلى التسجيل واختر الصورة الصحيحة. 🔊 2-6

① ◯   ◯

② ◯   ◯

③ ◯   ◯

④ ◯   ◯

2 选择正确的词语完成句子。 اختر الكلمة الصحيحة وأكمل الجملة.

A 只 zhī   B 兔子 tù zi   C 没有 méi yǒu
D 吗 ma   E 也 yě

wǒ yǒu yì zhī
我有一只（　　）。

nǐ xǐ huan líng yáng
你喜欢羚羊（　　）？

wǒ xǐ huan liè sǔn　gē ge
我喜欢猎隼，哥哥
xǐ huan
（　　）喜欢。

wǒ
我（　　）鹦鹉。
yīng wǔ

wǒ yǒu liǎng
我有两（　　）
wū guī
乌龟。

第**6**课　做游戏
الدرس السادس　الألعاب

游戏规则 قواعد اللعبة

❶ 老师准备动物图卡。为了增加难度，也可以准备动物身体局部的卡片。

يقوم المعلم بإعداد بطاقات صور الحيوانات. يمكن إعداد بطاقات بها أجزاء من جسم حيوان لزيادة الصعوبة.

❷ 老师随意举起一张卡片。3—4名同学为一组，根据老师举起的卡片尽可能多地用中文说句子，如"我有一只兔子"。

كوّن فريقًا من 3-4 طلاب، يرفع المعلم بطاقة بشكل عشوائي. ويقول الطلبة الجمل الصينية وفقًا للبطاقات التي رفعها المعلم، مثل "我有一只兔子".

3 每说出一个正确的句子，该小组可以得到一分，最后得分最高的小组获胜。

تحصل المجموعة على نقطة واحدة لكل جملة صحيحة، وتفوز المجموعة التي تحصل على أعلى درجات.

zhè shì tù zi
这是兔子。

wǒ xǐ huan tù zi
我喜欢兔子。

wǒ yǒu yì zhī tù zi
我有一只兔子。

熊猫组

骆驼组

第 **7** 课　学汉字

تعلم المقاطع الصينية　الدرس السابع

1 看一看，写一写。　انظر واكتب。

zhī　丶冂口尸只

tiáo　丿夂夂冬冬条条

yě　乛也也

ma　丨口口叮吗吗

2 选择汉字部件，组成完整的汉字。 اختر جزء المقاطع وركب المقطع الصحيح.

八　也　马　ホ

① 口　+　　　=　只

② 亻　+　　　=　他

③ 口　+　　　=　吗

④ 夂　+　　　=　条

2

éng　jiǎo yìn
嗯？脚印……

wǒ de xiāng jiāo ne
我的香蕉呢？

1

xióng māo jǐng chá　　wǒ de
熊猫警察，我的
xiāng jiāo méi yǒu le
香蕉没有了！

1

nǐ　xǐ huan chī xiāng jiāo ma
你喜欢吃香蕉吗？

zhè　shì māo ma
这是猫吗？

3

bú　shì tā
不是她
……

2

wǒ bù　xǐ huan
我不喜欢
chī xiāng jiāo
吃香蕉。

zhè shì liè sǔn ma
这是猎隼吗？

1
nǐ xǐ huan chī xiāng jiāo ma
你喜欢吃香蕉吗？

2
wǒ bù xǐ huan chī xiāng jiāo
我不喜欢吃香蕉。

3
bú shì tā
不是他……

zhè shì dà xiàng ma
这是大象吗？

nǐ xǐ huan chī
你喜欢吃
xiāng jiāo ma
香蕉吗？

shì nǐ chī le hóu zi
是你吃了猴子
de xiāng jiāo ma
的香蕉吗？

wǒ xǐ huan
我喜欢！

duì bu qǐ　　shì wǒ
对不起，是我
chī le xiāng jiāo
吃了香蕉。

看一看，这是谁的脚印？

انظر لمن آثار الأقدام هذه؟

第9课　看世界

هيا نشاهد العالم

الدرس التاسع

保护野生动物
حماية الحيوانات البرية

世界自然基金会（WWF）是世界上最大的独立性非政府环境保护组织，目标是创造人与自然和谐相处的美好未来。

الصندوق العالمي للطبيعة (WWF) هو أكبر منظمة غير حكومية مستقلة لحماية البيئة في العالم، بهدف خلق مستقبل أفضل يعيش فيه الإنسان والطبيعة في وئام.

第 **10** 课　**小任务**
الدرس العاشر　المهمة الصغيرة

1 调查报告：拯救野生动物　استبيان: حماية الحيوانات البرية

选择一种你感兴趣的野生动物，在家长的帮助下上网查资料，用画图、贴纸、文字等形式完成下面的小调查。可以参考世界自然基金会的官方网站（https://www.worldwildlife.org）。

اختر حيوانًا بريًا تهتم به، وابحث عن معلومات من الإنترنت بمساعدة والديك، وأكمل الاستبيان الصغير التالي بالصور والملصقات والنصوص وإلخ. يمكنك الرجوع إلى الموقع الرسمي لـ WWF.

(https://www.worldwildlife.org)

我想拯救的动物　الحيوانات التي أود إنقاذها	它住在哪儿？　أين يسكن؟
它吃什么？　ماذا يأكل؟	它有什么本领？　ما هي مهاراته؟

它有什么生活习性？　ما عاداته؟

2 旧物改造：用卷纸筒制作小动物。 التدوير: اصنع الحيوان الصغير من لفات ورق.

第一步：给卷纸筒涂上颜色。

الخطوة الأولى: لوّن لفات ورق.

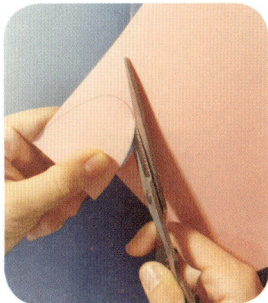

第二步：剪出耳朵和肚子。

الخطوة الثانية: قص أذنين وبطن.

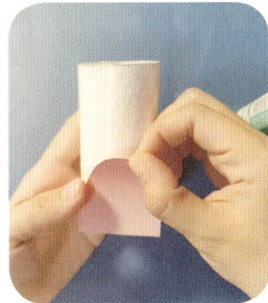

第三步：贴上耳朵和肚子。

الخطوة الثالثة: الصق أذنين وبطن.

第四步：画眼睛、鼻子和嘴巴。

لخطوة الرابعة: ارسم عينين وأنفا وفما.

第五步：做标签，写汉字。

الخطوة الخامسة: اصنع ملصقات، واكتب المقاطع الصينية.

wǒ yǒu yì zhī tù zi
我有一只兔子。

第 **11** 课 测一测

الدرس الحادي عشر　الاختبار

1 圈出生活环境不一样的动物，然后用中文说出动物名称。

ضع الدائرة على الحيوان الذي تختلف بيئة حياته من الحيوانات الأخرى وتحدث عنه.

➊

➋

➌

➍

2 根据提示看图说话。تحدث عن الصور حسب الإرشاد.

tā
她

yǒu
有

nǐ
你

xǐ huan
喜欢

méi yǒu
没有

tā
他

ma
吗

jiě jie
姐姐

yě
也

xǐ huan
喜欢

hóu zi hěn duō

猴子很多。

❶ 学习动物类词语

أن يتعلم الطالب الكلمات عن الحيوانات

❷ 学习形容词：大，小，多，少

大，小，多，少 ：أن يتعلم الطالب كلمات الصفة

❸ 学习形容词谓语句

أن يتعلم الطالب الجمل الخبرية مع كلمات الصفة

❹ 学习描述事物的大小或数量

أن يتعلم الطالب كيفية وصف الحجم لشيء ما وعدده

❺ 学写汉字：大，小，多，少

大，小，多，少 ：أن يكتب الطالب المقاطع الصينية

❻ 看世界：人与动物

هيا نشاهد العالم: الإنسان والحيوانات

第 **1** 课 学词语1
الدرس الأول تعلم الكلمات 1

1 看一看，听一听，读一读。 انظر واستمع واقرأ. 3-1

dà xiàng
大象

mǎ yǐ
蚂蚁

dà
大

xiǎo
小

2 根据汉字选择相应的动物轮廓，画出来，并用中文说一说。

اختر مخطط الحيوان حسب المقاطع الصينية وارسمها ثم تحدث عنها.

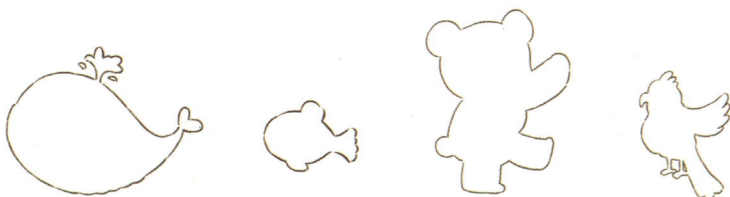

dà
大

xiǎo
小

dà xiàng hěn dà
大象很大。

第 **2** 课 说一说1

الدرس الثاني هيا نتحدث 1

1 看一看，听一听，说一说。 انظر واستمع وتحدث. 🔊 3-2

hěn
很
جدا

zhè shì dà xiàng
这是大象。
dà xiàng hěn dà
大象很大。

zhè shì mǎ yǐ
这是蚂蚁。
mǎ yǐ hěn xiǎo
蚂蚁很小。

2 我画你猜，看谁说得又快又好。 خمن ماذا أرسم ولنشاهد من هو الأحسن والأسرع.

zhè shì shā yú
这是鲨鱼。

zhè shì jīng yú
这是鲸鱼。

zhè shì jīng yú　　jīng yú hěn dà
这是鲸鱼。鲸鱼很大。

3 我做你猜。 خمن حسب ما أفعل.

zhè shì dà xiàng
这是大象。

dà xiàng hěn dà
大象很大。

第 **3** 课　　الدرس الثالث

学词语2

تعلم الكلمات 2

1 看一看，听一听，读一读。انظر واستمع واقرأ.　 3-3

cháng jǐng lù

长 颈 鹿

xīng xing

猩 猩

shī zi

狮 子

hóu zi

猴 子

duō

多

shǎo

少

2 看图片，选择正确的词语。انظر إلى الصور وحدد الكلمات الصحيحة.

duō shǎo
A 多　　　B 少

第**4**课 说一说2

الدرس الرابع هيا نتحدث 2

1 看一看，听一听，说一说。انظر واستمع وتحدث. 🔊 3-4

xīng xing hěn shǎo
猩猩很少。

hóu zi hěn duō
猴子很多。

2 两人一组，我指你说。 كون فريقا من طالبين أحدهما يشير للصورة والثاني يجيبه.

zhè shì shī zi　　shī zi hěn shǎo
这是狮子。狮子很少。

第 **5** 课　练一练

الدرس الخامس

التدريبات

1 听录音，选择正确的图片。　استمع إلى التسجيل واختر الصورة الصحيحة. 🔊 3-5

1  　○　○　**2**  　○　○

3  　○　○　**4**  　○　○

5  　○　○　**6**  　○　○

2 按照数字顺序画出图案，然后与相应的句子连线。

رتب الصور حسب الأرقام ثم صل بين الجمل والصورة المطابقة.

zhè shì mǎ yǐ
这是蚂蚁。
mǎ yǐ hěn xiǎo
蚂蚁很小。

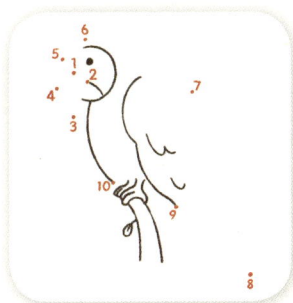

zhè shì jīng yú
这是鲸鱼。
jīng yú hěn dà
鲸鱼很大。

zhè shì dà xiàng
这是大象。
dà xiàng hěn dà
大象很大。

zhè shì yīng wǔ
这是鹦鹉。
yīng wǔ hěn xiǎo
鹦鹉很小。

第**6**课 做游戏

الدرس السادس الألعاب

zhè shì dà xiàng dà xiàng hěn dà
这是大象。大象很大。

游戏规则

1 3—4人一组，老师将不同动物的拼图分发给每个小组。

كون مجموعات من 3-4 طلاب، ويوزع المعلم القطع التركيبية لحيوانات مختلفة على كل مجموعة.

2 各组同学合作完成拼图后举手，根据图片内容用中文说句子。

يرفع طالب من كل المجموعة يديه حين انتهاء تركيب القطع، ثم يتحدث عن الصورة المركبة باللغة الصينية.

3 最先拼完并且说对句子的小组得一分，以此类推。比一比，哪个小组得分最多。

تحصل المجموعة التي تنهي الصورة الصحيحة وتتحدث عنها صحيحا على نقطة واحدة، وهكذا. ثم يقارن بين الفرق التي حصلت على أكثر عدد من النقاط.

 第 **7** 课　**学汉字**

تعلم المقاطع الصينية　الدرس السابع

1 看一看，写一写。 انظر واكتب。

dà　一 ナ 大

xiǎo　亅 小 小

duō　ノ ク タ タ 多 多

shǎo　亅 小 小 少

2 数一数，写出每个汉字的笔画数量。 عد ثم اكتب عدد الخطوط لكل مقطع.

 (　　)    (　　)

 (　　)    (　　)

3 小挑战：把下面汉字缺少的一笔补写出来。

التحديات الصغيرة: أكمل الجزء الناقص للرموز التالية.

第 **8** 课　故事会　🔊 3-6

الدرس الثامن　القصص

1
mǎ yǐ hěn xiǎo hěn xiǎo
蚂蚁很小很小。

2
mǎ yǐ hěn duō hěn duō
蚂蚁很多很多。

1
cháng jǐng lù hěn gāo
长颈鹿很高。

1
dà xīng xing hěn dà
大猩猩很大。

2
dà xīng xing bù duō
大猩猩不多。

2
cháng jǐng lù de bó zi
长颈鹿的脖子
hěn cháng
很长。

1
kàn dà xiàng
看！大象！
dà xiàng hěn dà
大象很大！

2
dà xiàng de ěr duo hěn dà
大象的耳朵很大。

1
dà xiàng hěn xiǎo
大象很小。

2
sēn lín hěn dà sēn lín
森林很大。森林
shì dà xiàng de jiā
是大象的家。

1
jīng yú
鲸鱼
hěn xiǎo
很小。

1
kàn　jīng yú
看！鲸鱼！
jīng yú hěn dà
鲸鱼很大！

2
jīng yú de zuǐ ba hěn dà
鲸鱼的嘴巴很大。

2
dà hǎi hěn dà　dà hǎi
大海很大。大海
shì jīng yú de jiā
是鲸鱼的家。

1
kàn　liè sǔn
看！猎隼！
liè sǔn hěn dà
猎隼很大！

2
tiān kōng hěn dà　tiān kōng shì liè sǔn de jiā
天空很大。天空是猎隼的家。

哪里是我们和动物共同的家？ أين بيتنا المشترك مع الحيوانات؟

第9课　看世界

هيا نشاهد العالم

الدرس التاسع

人与动物　الإنسان والحيوانات

dòng wù   sì yǎng yuán

动物饲养员

مربي الحيوانات

shòu yī

兽医

طبيب بيطري

chǒng wù zào xíng shī

宠物造型师

حلاق الحيوانات الأليفة

nóng chǎng zhǔ

农场主

مزارع

dòng wù xué jiā

动物学家

عالم الحيوان

dòng wù shè yǐng shī

动物摄影师

مصور الحيوانات

第**10**课　小任务

المهمة الصغيرة

الدرس العاشر

1 去动物园给动物们拍照，制作一本相册，并给爸爸妈妈介绍一下。

اذهب إلى حديقة الحيوان لالتقاط صور للحيوانات، واصنع ألبوم صور، وعرّف الوالدين عليها.

zhè shì cháng jǐng lù
这 是 长 颈 鹿。
cháng jǐng lù bù duō
长 颈 鹿 不 多。

2 制作动物五谷画。 اصنع صور الحيوانية من الحبوب.

nǐ zhēn bàng
你真棒！

dà xiàng hěn dà
大象很大！

第 **11** 课 测一测

الاختبار

الدرس الحادي عشر

1 听录音，根据听到的顺序为图片标序号。 🔊 3-8

استمع إلى التسجيل، واكتب رقم الترتيب بجانب الصور وفق ما سمعت.

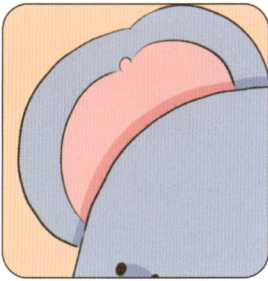

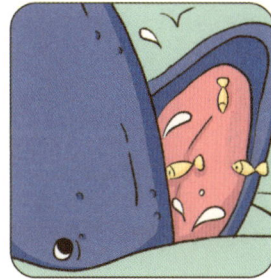

2 看图连线，并用中文说一说。 صل بين الكلمة والصور المتطابقة ثم تحدث عنها.

shī zi
狮子

hěn duō
很多

cháng jǐng lù
长颈鹿

hěn xiǎo
很小

mǎ yǐ
蚂蚁

hěn dà
很大

xīng xing
猩猩

hěn shǎo
很少

故事会译文
ترجمة القصص

第一单元　الوحدة الأولى

huān yíng nǐ men　qǐng jìn
欢 迎你们！请进！

مرحبا بكم، تفضل بالدخول.

- -

xiè xie
谢谢！

شكرا.

- -

zhè shì wǒ de jiě jie
这是我的姐姐。

هذه أختي الكبيرة.

- -

nǐ men hǎo　wǒ jiào fāng fāng
你们好！我叫芳芳。

مرحبا، اسمي فانغ فانغ.

- -

zhè shì wǒ de jiě jie
这是我的姐姐。

هذه أختي الكبيرة.

- -

nǐ men hǎo　wǒ jiào huā huā
你们好！我叫花花。

مرحبا، اسمي هوا هوا.

- -

xiǎo jìng　nǐ yǒu jǐ gè jiě jie
小 静，你有几个姐姐？

شياو جينغ، كم أختا لك؟

wǒ yǒu liǎng gè jiě jie
我有 两个姐姐。

لي أختان.

nǐ shì fāng fāng jiě jie ma
你是芳 芳姐姐吗？

هل أنت الأخت فانغ فانغ الكبيرة؟

bú shì　wǒ shì huā huā jiě jie
不是，我是花花姐姐。

لا، أنا الأخت هوا هوا الكبيرة.

hā hā hā
哈哈哈！

هاهاها.

xiǎo jìng　nǐ yǒu mèi mei ma
小 静，你有妹妹吗？

شياو جينغ، هل لك أخت صغيرة؟

wǒ méi yǒu mèi mei
我没有妹妹。

ليست لي أخت صغيرة.

zhè shì wǒ de jiā rén
这是我的家人。

هذه عائلتي.

ò　nǐ jiā yǒu wǔ kǒu rén
哦，你家有五口人。

واو، في عائلتك خمسة أفراد.

nǐ shì huā huā jiě jie ma
你是花花姐姐吗？

هل أنت الأخت هوا هوا الكبيرة؟

bú shì　　wǒ shì fāng fāng jiě jie
不是，我是芳芳姐姐。

لا، أنا الأخت فانغ فانغ الكبيرة.

hā hā hā
哈哈哈！

هاهاها.

第二单元 الوحدة الثانية

wǒ de xiāng jiāo ne
我的香蕉呢？

أين موزي؟

xióng māo jǐng chá　　wǒ de xiāng jiāo méi yǒu le
熊猫警察，我的香蕉没有了！

يا شرطي باندا، قد فقدت موزي.

éng　　jiǎo yìn
嗯？脚印……

(ان) آثار الأقدام……

zhè shì māo ma
这是猫吗？

هل هذه قطة؟

nǐ xǐ huan chī xiāng jiāo ma
你喜欢吃香蕉吗？

هل تحبين أكل الموز؟

wǒ bù xǐ huan chī xiāng jiāo
我不喜欢吃香蕉。

لا أحب أكل الموز.

bú shì tā
不是她……

ليست هي …

zhè shì liè sǔn ma
这是猎隼吗？

هل هذا صقر؟

nǐ xǐ huan chī xiāng jiāo ma
你喜欢吃香蕉吗？

هل تحب أن تأكل الموز؟

wǒ bù xǐ huan chī xiāng jiāo
我不喜欢吃香蕉。

لا أحب أكل الموز.

bú shì tā
不是他……

ليس هو……

zhè shì dà xiàng ma
这是大象吗？

هل هذا فيل؟

nǐ xǐ huan chī xiāng jiāo ma
你喜欢吃香蕉吗？

هل تحب أن تأكل الموز؟

wǒ xǐ huan
我喜欢！

أحب.

shì nǐ chī le hóu zi de xiāng jiāo ma
是你吃了猴子的香蕉吗？

هل تأكل موز القرد؟

duì bu qǐ shì wǒ chī le xiāng jiāo
对不起，是我吃了香蕉。

آسف، أكلت الموز.

第三单元 الوحدة الثالثة

mǎ yǐ hěn xiǎo hěn xiǎo
蚂蚁很小很小。

النمل صغير.

mǎ yǐ hěn duō hěn duō
蚂蚁很多很多。

النمل كثير.

dà xīng xing hěn dà
大猩猩很大。

الغوريلا كبير.

dà xīng xing bù duō
大猩猩不多。

الغوريلا قليلة.

cháng jǐng lù hěn gāo
长颈鹿很高。

الزرافة عالية الجسم.

cháng jǐng lù de bó zi hěn cháng
长颈鹿的脖子很长。

الزرافة طويلة العنق.

kàn dà xiàng dà xiàng hěn dà
看！大象！大象很大！

انظر، فيل، الفيل كبير.

dà xiàng de ěr duo hěn dà
大象的耳朵很大。

الفيل كبير الأذن.

dà xiàng hěn xiǎo
大象很小。

الفيل صغير.

sēn lín hěn dà　　sēn lín shì dà xiàng de jiā
森林很大。森林是大象的家。

الغابة واسعة، الغابة بيت الفيل.

kàn　　jīng yú　　jīng yú hěn dà
看！鲸鱼！鲸鱼很大！

انظر، حوت، الحوت كبير.

jīng yú de zuǐ ba hěn dà
鲸鱼的嘴巴很大。

الحوت كبير الفم.

jīng yú hěn xiǎo
鲸鱼很小。

الحوت صغير.

dà hǎi hěn dà　　dà hǎi shì jīng yú de jiā
大海很大。大海是鲸鱼的家。

البحر واسع، البحر بيت الحوت.

kàn　　liè sǔn　　liè sǔn hěn dà
看！猎隼！猎隼很大。

انظر، صقر، الصقر كبير.

tiān kōng hěn dà　　tiān kōng shì liè sǔn de jiā
天空很大。天空是猎隼的家。

السماء واسعة، السماء بيت الصقر.

词语表
الكلمات والعبارات

家	jiā	عائلة
口	kǒu	مفردة التمييز للبشر
和	hé	و
有	yǒu	يملك/ يوجد
没有	méiyǒu	ما/ لا
两	liǎng	اثنان
个	gè	مفردة التمييز للنوع
吗	ma	هل

兔子	tùzi	أرنب
鹦鹉	yīngwǔ	ببغاء
乌龟	wūguī	سلحفاة
金鱼	jīnyú	سمك ذهبي
只	zhī	حبة (لوصف عدد حيوان)
条	tiáo	حبة (لأشياء مستطيلة)
猎隼	lièsǔn	صقر
羚羊	língyáng	غزال

海豚	hǎitún	دولفين
鲸鱼	jīngyú	حوت
鲨鱼	shāyú	سمك القرش
也	yě	أيضا

第三单元 الوحدة الثالثة

大象	dàxiàng	فيل
蚂蚁	mǎyǐ	نمل
大	dà	كبير
小	xiǎo	صغير
很	hěn	جدا
长颈鹿	chángjǐnglù	زرافة
狮子	shīzi	أسد
猩猩	xīngxing	غوريلا
猴子	hóuzi	قرد
多	duō	كثير
少	shǎo	قليل